ぜんぶ小鍋

大庭英子

はらぺこスピードレシピ

小鍋のいいところって、こんなところ

その1

小鍋ひとつで晩ごはんはOK！

仕事でクタクタ……。そんなあなた、家で晩ごはんを作っていますか？「作るけど、何種類も料理を作るのは面倒……」。それなら小鍋がぴったり！ 肉や魚、野菜などがたっぷり食べられるから、それ一品でバランスのとれた晩ごはんになれるんです。

その2

バリエーションは無限大！

小鍋をおいしく作るコツは肉、魚、野菜をバランスよく組み合わせること。それさえ押さえれば、おいしさのバリエーションは無限大。今日はこの食材を組み合わせてみよう、いつもとちょっと味つけを変えてみようなど、マイレシピを考えるのも楽しいです。

その3

ラクに、すぐにいただきます！

調理は手早く済ませたい、そんなときも、食材を「切って」「入れて」「煮る」だけの小鍋はオススメ。生でも食べられる食材を選べば、煮る時間が短くて済むのでさらに時短に。この本でも、ほとんどが帰宅後20分で食べられるレシピをご紹介しています。洗い物が少ないのも嬉しいポイント。

その4

からだも心も大満足！

一人暮らしや二人暮らしでは、外食やコンビニ弁当などが多くなりがち。小鍋はバランスよく食材が入っているから、栄養がしっかりとれます。また、年中食べてもおいしい小鍋ですが、特に寒い季節にはからだを温めてくれますし、なんだか心もほっこりするんです。

小鍋作りの3ルール

1

火が通りやすい工夫をする

小鍋は手早く作りたいもの。そのためには、加熱時間を短縮することがポイントです。例えば、生でも食べられる食材を選ぶと、完全に火を通さなくてもいいので加熱時間が短くなり、すぐにでき上がります。ごぼうやにんじんなど、かたい食材を使うときは、薄切りにすれば、火の通りもよくなります。

かたい食材は薄切りに。ピーラーを使えば簡単！

面倒なことはなし！　気軽に楽しみましょう♪

2

薬味は煮汁に入れるべし

小鍋を作るときは、薬味をあれこれ用意して、味をつけながら食べる——ちょっと面倒なときもありますね。それならば、薬味も一緒に鍋の中に入れちゃいましょう！　鍋ひとつで手軽に作れるうえ、味がしっかりついて満足感もアップします。

3

食材や調味料は最小限で作るべし

小鍋のいいところの一つは、あれこれ手を加えなくても、だしや素材の旨みで充分おいしく仕上がること。食材や調味料を最小限にしたほうが、おいしくなります。そして、お財布にもやさしいのです！

本書で使う

だしは4種類！

メインで使うのは

だし汁

本書のレシピにある「だし汁」は、すべて昆布とかつお節のだし。とり方は9ページで紹介します。時間のないときは市販のだしの素でもかまいませんが、それぞれ塩分が異なるので調整してください。

鶏がらスープの素

主に韓国風や中華風、エスニック風などアジアン系の鍋に使います。本書ではユウキ食品の顆粒タイプを使っています。

洋風スープの素

主に洋風の鍋に使います。肉や野菜の旨みがつまったコクのある味わいです。

中華スープの素

主にアジアン系の鍋に使います。豚や鶏、牡蠣、野菜などの旨みが凝縮され、しっかりとコクのある味に仕上がります。

だし汁のとり方

材料

水……8カップ

昆布（5㎝角）……4～5枚　**かつお節……25g**

1 鍋に水、昆布を入れて弱火にかけ、煮立つ寸前に昆布を取り出す。

＊時間のあるときは、昆布を約2時間つけてから煮ると、より旨みが出る。

2 ❶の鍋を中火にし、かつお節を加える。このとき、かつお節がしっかり浸るように菜箸で押さえる。煮立ってきたら弱火にし、約3分煮て火を止め、そのままおく。

3 かつお節が沈んだら、万能こし器でこす。

＊簡単にだし汁をとるなら、昆布だけで作る「水だし」でもOK。朝、保存容器に水2カップと昆布2枚（5㎝角）を入れて冷蔵庫で水出しすれば、帰宅後すぐに使えます。冷蔵庫で1～2日保存可。

だし汁は一度にたくさんとり、保存すると便利！

保存方法

だし汁は一度にたくさんとり、保存容器に入れて冷蔵保存や冷凍保存すると便利です。保存期間は、冷蔵保存の場合、夏場で2～3日間、冬場で4～5日間。冷凍保存の場合は、2週間が目安です。

もくじ

3章 仕事で疲れた日には からだにやさしい鍋

4章 お惣菜を簡単アレンジ リメイク鍋

5章

休日はひと手間加えて ごちそう鍋

本書のきまり

●小さじ1＝5mℓ、大さじ1＝15mℓ、1カップ＝200mℓで計量しています。
●特に指定のない場合、塩は天然塩、しょうゆは濃口しょうゆ、酒は清酒、砂糖は上白糖を使用しています。味噌は信州味噌を使用していますが、ものによって塩分量が異なるので、加減して使ってください。
●作り方は洗う、皮をむくなどの下ごしらえを済ませてからの手順です。
●1〜2人前のレシピの場合、土鍋は6号（口径約20cm）、ステンレス鍋やホーロー鍋は直径18〜20cm、スキレットは直径約12cmのものを使用しています。

1章

メイン食材2つで作る
シンプル鍋

「肉や魚×野菜」を上手に組み合わせる

容量が小さい鍋で作る「小鍋」は、食材の種類が多すぎると、わかりづらい味になってしまうことも。逆に言うと、メインとなる食材2品とだしを用意すれば、充分おいしくできるのが「小鍋」のよさでもあるのです。食材の選び方のコツは、肉や魚などたんぱく質系の食材に、わけぎやもやしなどの野菜を組み合わせること。鍋全体に、それぞれの旨みがしみわたり、おいしく仕上がります。

「シンプル鍋」のメイン食材はこれ！

豚バラ肉

×

もやし

p.22

豚バラ肉ともやしの蒸し鍋

牛もも肉

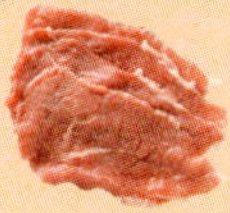

×

わけぎ

p.20

牛しゃぶとわけぎの鍋

豚ひき肉

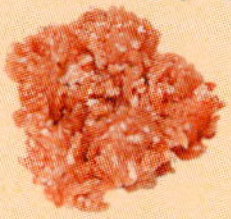

×

青梗菜

p.26

担々鍋

鶏もも肉

×

ごぼう

p.24

鶏肉とささがきごぼうの鍋

小鍋上手になったら、
p.17～p.19を
参考に組み合わせを
アレンジしてみて！

豚バラ肉

×

白菜

p.30

塩もみ白菜と豚バラ肉の鍋

たら

×

じゃがいも

p.28

たらとじゃがいものにんにく鍋

鶏ひき肉

×

かぶ

p.34

かぶと鶏ひき肉の鍋

まぐろ

×

長ねぎ

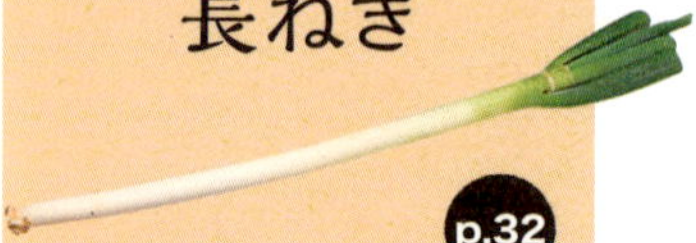

p.32

ねぎま鍋

「シンプル鍋」の メイン 食材はこれ！

鮭の水煮缶

×

白菜

p.38

白菜と鮭のはさみ鍋

いわし

×

大根

p.36

いわしのつみれ鍋

さば

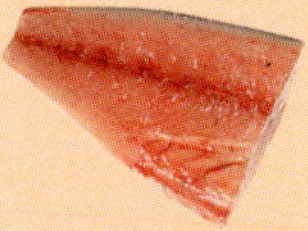

×

大根

p.42

さばのカレー風味鍋

鶏もも肉

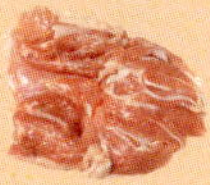

×

しめじ

p.40

鶏肉としめじの鍋

牛しゃぶとわけぎの鍋

やわらかい牛肉にシャキシャキのわけぎを山盛り投入

材料◉1人分

牛もも肉(しゃぶしゃぶ用)……100g

わけぎ(5〜6㎝長さの斜め切り)……100g

だし汁……2カップ

A［酒大さじ2、しょうゆ小さじ½、塩小さじ⅓］

七味唐辛子……適宜

1 鍋にだし汁を入れて中火にかけ、煮立ってきたらAで調味する。

2 1に牛肉を広げるようにして入れ、さっと煮てあくを取る。わけぎを加えて火を止め、好みで七味唐辛子をふる。

牛肉は、
かたくならないように
さっと煮ましょう。

×

豚肉の旨みたっぷりの濃厚味噌仕立て

豚バラ肉ともやしの蒸し鍋

材料◉1人分

豚バラ薄切り肉（長い場合は半分に切る）……100g

もやし……1袋（200g）

味噌……大さじ2

黒こしょう……少々

酒……大さじ2

水……$\frac{1}{3}$〜$\frac{1}{2}$カップ

1 豚肉はまな板に並べて味噌をぬり、黒こしょうをふる。

2 鍋にもやしを入れ、豚肉を味噌の面を下にしてもやしの上に並べる。酒をふって水を注ぎ、ふたをして中火にかける。煮立ってきたら火を弱め、8〜10分蒸し煮する。

もやしを1袋使いきり！
たっぷり
いただきます。

鶏肉とささがきごぼうの鍋

ほんのり甘いスープとごぼうの甘みが相性抜群

材料◉1人分

鶏もも肉（小さめの一口大に切る）……½枚分（150g）

ごぼう（皮をこそげ、長めのささがきにして水でさっと洗う）

……100g

水……2カップ

A［酒大さじ2、みりん大さじ1、しょうゆ大さじ1½］

1 鍋に水、鶏肉を入れて中火にかける。煮立ってきたら、火を弱めてあくを取り、Aで調味し、ふたをして弱火で6～7分煮る。

2 ごぼうを加えて中火にし、煮立ってきたら、ふたをして弱火で5～6分煮る。

×

ほどよいピリ辛味がやみつきになる

担々鍋

材料◉1人分

豚ひき肉……100g

青梗菜（長さを半分に切り、根元は8等分に切る）

……2株分

サラダ油……大さじ½

長ねぎ（みじん切り）……大さじ2

にんにく（みじん切り）……小さじ½

酒……大さじ2

水……2カップ

A［しょうゆ大さじ½、塩小さじ¼］

練り白ごま……大さじ2

ラー油……適宜

1 フライパンにサラダ油を中火で熱し、ひき肉を入れてほぐすようにして炒める。ポロポロになったら、長ねぎ、にんにくを加えて炒め、酒をふる。

2 1を鍋に入れ、水を加えて中火にかける。煮立ってきたらAで調味し、ふたをして弱火で6〜7分煮る。

3 練りごまを入れて混ぜ溶かし、青梗菜を加えてしんなりするまで煮る。好みでラー油をふる。

淡泊な味のたらにピリ辛スープでパンチをきかせる

たらとじゃがいものにんにく鍋

材料◉1人分

生たら（切り身／6等分に切る）……1切れ分

じゃがいも（太めのせん切り）……2個分

水……2カップ

洋風スープの素（顆粒）……小さじ1/2

A［塩小さじ2/3、こしょう少々］

オリーブ油……大さじ2

にんにく（薄切り）……1かけ分

白ワイン（または酒）……大さじ2

粗びき赤唐辛子……少々

1 じゃがいもは水で洗い、水気をきる。★表面のでんぷんを洗い落とすことで、シャキッとした食感が残ります。

2 鍋に水、洋風スープの素を入れて中火にかけ、煮立ってきたら、Aで調味する。

3 フライパンにオリーブ油、にんにくを入れて弱火にかける。香りが立ったら、たらを入れて中火で両面を焼き、白ワインをふる。

4 2の鍋に3を入れ、火を弱めて約5分煮る。1を加えて透き通るまで煮て、赤唐辛子を散らす。

塩もみ白菜と豚バラ肉の鍋

スープの味がたっぷりしみ込んだ白菜がたまらない！

白菜は塩もみすることで、味がよくしみ込むんです。

材料◉1人分

白菜（横8㎜〜1㎝幅に切る）……300g

豚バラ薄切り肉（長い場合は3〜4等分に切る）……100g

塩……小さじ1

水……3カップ

鶏がらスープの素（顆粒）……小さじ½

酒……大さじ2

にんにく（薄切り）……1かけ分

1 白菜はボウルに入れて塩をふり、混ぜてしんなりするまで置き、水気を絞る。

2 鍋に水、鶏がらスープの素、豚肉を入れて中火にかける。煮立ってきたら、弱火にしてあくを取り、酒、にんにくを加えてふたをし、15〜20分煮る。

3 2に白菜を加え、しんなりするまで煮る。

ねぎま鍋

使う食材はたったこれだけの、まさに粋な鍋

材料◉1人分

まぐろ（切り身／一口大に切る）……100g

長ねぎ（2〜3㎝長さの輪切り）……1本分

だし汁……⅓カップ

A［しょうゆ大さじ1½、酒大さじ2、
みりん大さじ2］

1 ボウルにだし汁、Aを入れて混ぜ合わせる。

2 鍋にまぐろ、長ねぎを並べて1を注ぎ、ふたをして弱めの中火にかける。煮立ってきたら火を弱め、長ねぎがしんなりするまで煮る。

まぐろは煮すぎない！
中がレアの状態が
おいしい頃合い！

ほろ〜り甘いかぶをたっぷりいただきます！

かぶと鶏ひき肉の鍋

材料◉1人分

かぶ（茎を約4cm残して葉を切り、縦半分に切る）
……小2個分

かぶの葉（4〜5mm長さに切る）……30g

鶏ひき肉……100g

サラダ油……小さじ1

酒……大さじ2

水……2カップ

A ［塩小さじ½、こしょう少々］

1 鍋にサラダ油を中火で熱し、ひき肉を入れてほぐすようにして炒める。肉の色が変わったら酒をふり、水を加えて再び煮立ってきたら、火を弱めてあくを取る。

2 かぶを加えて中火にし、煮立ってきたら弱火にし、ふたをして7〜8分煮る。

3 かぶがやわらかくなったら、Aで調味して約5分煮て、かぶの葉を加えてひと煮する。

いわしのつみれ鍋

薄切りの大根につみれの味がよくなじむ

材料◉1人分

いわし（刺身用／皮をはがして1cm幅に切る）

……2尾分（100g）

大根（縦に帯状に切る）……20cm分（150g）

水……2〜3カップ

昆布……6cm

A ［長ねぎのみじん切り大さじ1、

おろししょうが小さじ1/4、味噌小さじ1］

B ［酒大さじ1/2、片栗粉大さじ1/2］

酒……大さじ2

味噌……大さじ2

七味唐辛子……適宜

1 鍋に水、昆布を入れて弱火にかける。

2 いわしは包丁で粗くたたき、Aを加えてさらにたたく。ボウルに移し、Bを加えて混ぜ合わせる。

3 1が煮立ってきたら酒を加え、2を水で濡らしたスプーンですくって落とし、ふたをして弱火で約5分煮る。

4 大根を加えてひと煮し、透き通ってきたら、味噌を溶く。好みで七味唐辛子をふる。

×

白菜と鮭のはさみ鍋

やわらかい白菜にトロッとした鮭がよくからむ

時間がないときは
缶詰を使うと
ラクよね〜。

材料◉1人分

白菜の葉……450g

鮭の水煮缶……1缶（180g）

長ねぎ（みじん切り）……大さじ2

おろししょうが……小さじ½

A ［片栗粉小さじ1、塩・こしょう各少々］

水……1カップ

酒……大さじ2

B ［塩・こしょう各少々］

粗びき黒こしょう……少々

1 ボウルに鮭缶、長ねぎ、しょうが、Aを入れ、手で細かくつぶすように混ぜる。

2 白菜の葉と葉の間に1をはさみ、鍋の高さに合わせて均等に切る。切り口を上にして鍋に詰め、水、酒を加えてふたをする。

3 2の鍋を中火にかけ、煮立ってきたらBで調味し、弱火で白菜がやわらかくなるまで20〜25分煮る。仕上げに黒こしょうをふる。

鶏肉としめじの鍋

柚子こしょうの風味が口いっぱいに広がる

材料◉1人分

鶏もも肉(小さめの一口大に切る)……½枚分(150g)

しめじ(根元を切り、ほぐす)……1パック分

水……2½カップ

酒……大さじ2

塩……小さじ⅓

柚子こしょう……小さじ½〜1

1 鍋に水、鶏肉を入れて中火にかけ、煮立ってきたら、火を弱めてあくを取る。

2 酒、しめじを加えてさらに煮、しんなりしたら、塩、柚子こしょうで調味し、ふたをして弱火で10〜15分煮る。

1年中手に入る
素材だから、
いつでも作れますね!

×

さばのカレー風味鍋

スパイシーな香りが食欲をそそる

材料◉1人分

さば（三枚おろし）……小½尾分（100g）
大根（太めのせん切り）……150g
塩……大さじ½
水……2カップ
鶏がらスープの素（顆粒）……小さじ½
A［酒大さじ2、カレー粉大さじ½、しょうゆ小さじ1、塩小さじ¼］

1 さばは1cm厚さのそぎ切りにしてざるに並べて両面に塩をふり、約10分置く。

2 たっぷりの熱湯に1を入れ、表面の色が変わったら冷水に取り、水気をきる。★さばは塩をして、湯通しすることで臭みがとれます。

3 鍋に水、鶏がらスープの素を入れて中火にかける。煮立ってきたら、弱火にしてAで調味し、さばを入れてふたをし、そのまま弱火で約5分煮る。

4 3に大根を加えて混ぜ、ひと煮する。

小鍋コラム 1

味に変化をつけたいときに！

混ぜるだけのたれ4種

オールマイティに使える万能だれ

ポン酢しょうゆ

材料◉3〜4回分

柑橘類の搾り汁（柚子、かぼす、
　すだちなど）……½カップ

しょうゆ……½カップ

★すべての材料を混ぜ、いただくときに煮汁適量を加えてのばす。

こんな小鍋がオススメ！

さわやかな柑橘系の香りで食がすすむポン酢しょうゆは、あらゆる小鍋と相性バツグン。いろいろな鍋にためしてみて。

塩もみ白菜と豚バラ肉の鍋
（p.30）

たらの湯豆腐
（p.68）

白身魚のとろろ鍋
（p.96）

味に変化をつけたいときは、ポン酢しょうゆや香味だれなどのつけだれで味をプラス。材料を混ぜるだけなので、すぐに用意できます。

にんにくとねぎがアクセント！

香味だれ

材料◉3〜4回分

しょうゆ……大さじ5

酢……大さじ3

砂糖……小さじ1

にんにく（みじん切り）……小さじ1

長ねぎ（みじん切り）……大さじ3

しょうが汁……小さじ1

一味唐辛子……小さじ½

切りごま……大さじ2

ごま油……大さじ2

★すべての材料を混ぜる。

こんな小鍋がオススメ！

たっぷりのにんにくとねぎが入った香味だれは、味にパンチをきかせたいときに。ピリ辛なので、さっぱり系の小鍋がオススメ。

あじのワンタン鍋
(p.52)

豚しゃぶのしょうが巻き鍋
(p.64)

刺身のしゃぶしゃぶ鍋
(p.114)

練りごまでクリーミーに！

ごま味噌だれ

材料◉3～4回分

練り白ごま……大さじ4

味噌……大さじ4

しょうが汁……小さじ1

だし汁……$\frac{2}{3}$～1カップ

一味唐辛子……少々

★すべての材料を混ぜる。

こんな小鍋がオススメ！

コクのあるごまと味噌で、まろやかな味わいのたれ。あえて強めの味つけの鍋に合わせてみるのもグッド！

担々鍋（p.26）
カリフラワーのひき肉包み煮（p.84）

パクチーの香りを楽しんで

エスニックだれ

材料◉3～4回分

ナンプラー……大さじ3

レモン汁……大さじ3

はちみつ……大さじ1

赤唐辛子（みじん切り）……2～3本分

パクチー（みじん切り）……大さじ3

★すべての材料を混ぜる。

こんな小鍋がオススメ！

酸っぱ辛いたれに、たっぷりのパクチーを入れてアジアンテイストに。意外に、どんな鍋にも合います。

たらとじゃがいものにんにく鍋（p.28）
ぎょうざ鍋（p.120）

2章

今宵のお酒がすすむ おつまみ鍋

お酒には「しっかり味」。
ボリュームは控えめに

「小鍋」は、お酒のおつまみにもぴったり！　お酒に合う味と言えば、辛みがきいていたり、チーズなどの濃厚な食材だったり、しっかりした味であること。つまり、一口ごとにお酒がすすむ味、というわけ。それゆえ、作るときの分量には気をつけたいもの。お酒と小鍋、どちらもおいしく、健康的に楽しみたいなら、くれぐれも飲みすぎに注意しましょう。

Q 鍋とお酒の組み合わせ方ってあるの？

A 自由に組み合わせて、楽しみましょう！

鍋にお酒を合わせるとき、「和風の鍋なら日本酒」「洋風の鍋ならワイン」などと決めつけていませんか？　実は、組み合わせに厳密な決まりはありません。p.50～p.73で紹介している組み合わせは、オススメの一例。自分好みにカスタマイズして、さまざまな味を楽しみましょう！

細切り具材だから味がよくしみ込む

韓国風すき焼き鍋

ビール

材料◉1人分

牛薄切り肉（焼肉用／細切り）……100g

A ［酒大さじ½、しょうゆ大さじ½、
ごま油小さじ1、一味唐辛子少々、
にんにくのみじん切り少々、
ねぎのみじん切り大さじ1］

白菜（4〜5cm長さ、縦3〜4mm幅に切る）……2枚分

生しいたけ（軸を除き、薄切り）……3枚分

にんじん（せん切り）……4cm分

卵……1個

一味唐辛子……少々

いり白ごま……少々

めんつゆ（ストレート）……大さじ3〜4

せり（4〜5cm長さに切る）……適量

1 ボウルに牛肉を入れ、Aを加えて混ぜ合わせ、下味をつける。

2 すき焼き鍋にごま油（分量外）をぬり、1と野菜を放射状に並べ入れる。具材の中心に卵を落とし、一味唐辛子、ごまをふり、鍋肌からめんつゆを注ぐ。

3 2を中火にかけて煮立ってきたら、ふたをして野菜がしんなりするまで煮、せりをのせる。

卵をつぶして
混ぜ合わせながら、
いただきます♪

ワンタンを食べた瞬間、あじの香りと風味が広がる

あじのワンタン鍋

日本酒

ビール

材料◉1人分

あじ（刺身用／1cm幅に切り、包丁で細かくたたく）
……1尾分（80g）

A［長ねぎのみじん切り大さじ1、酒大さじ½、
片栗粉小さじ1、
おろししょうが・塩・こしょう各少々］

ワンタンの皮（市販品）……8枚

水……3カップ

鶏がらスープの素（顆粒）……小さじ½

B［酒大さじ1、塩小さじ⅔、こしょう少々］

青梗菜（3等分に切る。茎の部分は縦1cm幅に切る）
……1株分

1 ボウルにあじ、Aを入れて混ぜ合わせる。

2 ワンタンの皮を広げ、中心に1を⅛量ずつのせる。皮の四方に水をぬり、三角形に折って端と端を貼り合わせて包む。残りも同じように包み、計8個作る。

3 鍋に水、鶏がらスープの素を入れて火にかけ、煮立ってきたらBで調味する。

4 3に2のワンタンを1個ずつ入れ、全部入れたら火を弱めて、約2分煮る。青梗菜を加え、しんなりとするまで煮る。

アボカドのチーズ蒸し

やわらかく甘みが増したアボカドが口の中でとろける

白ワイン

材料◉1人分

アボカド(2〜3cm角に切る)……1個分

A [白ワイン大さじ1、レモン汁小さじ1、塩小さじ1/5]

ピザ用チーズ……50g

オリーブ油……大さじ2

粗びき赤唐辛子……少々

1 鍋にアボカド、Aを入れて混ぜ合わせる。

2 1にチーズをのせてオリーブ油をかけたらふたをし、中火にかける。煮立ってきたら、弱火にしてチーズが溶けるまで7〜8分蒸し煮にする。仕上げに赤唐辛子を散らす。

アボカドは生でも食べられるので、加熱時間が短くてもOKですよ！

豚バラ肉のもつ鍋風

ピリ辛の味噌味とにんにくの風味が食欲をそそる

ビール

焼酎

材料◉1人分

豚バラ薄切り肉（3等分の長さに切る）……100g

水……3カップ

A［酒大さじ2、しょうがの薄切り2〜3枚］

キャベツ（4〜5㎝角に切る）……150g

味噌……大さじ2〜3

にら（3〜4㎝長さに切る）……50g

にんにく（薄切り）……1かけ分

赤唐辛子（種を取って、小口切り）……1本分

いり白ごま……大さじ½

1 鍋に水を入れて火にかける。沸騰したら豚肉を入れ、あくが浮いてきたら、火を弱めて取り除く。Aを加えてふたをして15〜20分煮る。

2 1にキャベツを加えてしんなりするまで煮たら、味噌を溶いてにらを加え、にんにく、赤唐辛子、白ごまを散らす。

豚バラ肉なら
手軽に作れるから
オススメです！

あさりの旨みとバターのコクがベストマッチ！

あさりとしめじのバター蒸し

白ワイン

材料◉1人分

あさり（殻付き／砂抜きしたもの）……200g

しめじ（根元を切り、ほぐす）……2/3パック分

白ワイン……大さじ1

A［塩・こしょう各少々］

バター……大さじ1

パセリ（みじん切り）……大さじ1

1 鍋にあさり、しめじを入れて、白ワインをふる。ふたをして中火にかけ、煮立ってきたら火をやや弱めて、あさりの殻が開くまで煮る。

2 Aを加えて調味し、バターをのせてパセリを散らす。

パクチーとナンプラーの独特な風味がやみつき

鶏むね肉のエスニック鍋

ビール

材料◉1～2人分

鶏むね肉……小1枚(150g)

水……3カップ

A [酒大さじ2、塩小さじ1/2、しょうがの皮適量]

玉ねぎ(縦薄切り)……小1/2個分

パクチー(3cm長さに切る)……適量

しょうが(せん切り)……小1/2かけ分

赤唐辛子(種を取り、5mm幅の小口切り)……1本分

にんにく(薄切り)……1かけ分

B [ごま油大さじ1、ナンプラー大さじ2/3]

レタス(2cm幅に切る)……1/3個分(150g)

クイックポイント

鶏むね肉はあらかじめゆでて裂き、ゆで汁ごと冷蔵庫で保存しておくと便利。帰宅後は、作り方3から調理すればOKです。

1 鍋に水、鶏むね肉を入れて中火にかけ、煮立ってきたら火を弱めてあくを取る。Aを加え、ふたをして弱火で約20分ゆでたら火を止めて粗熱をとる。

2 1の鶏肉を手で食べやすい大きさにほぐす。

3 ボウルに2、玉ねぎ、パクチー、しょうが、赤唐辛子、にんにくを入れ、Bであえる。

4 1のゆで汁からしょうがの皮を取り除き、煮立てる。レタスを加えてしんなりするまで煮たら、3をのせてひと煮する。

にんにくがよくきいたスペインバルの定番

たことマッシュルームのアヒージョ

白ワイン

ビール

たこの歯ごたえで
満足感が
ありますよ！

材料◉1人分

ゆでだこ（一口大に切る）……100g

オリーブ油……大さじ4

にんにく（縦半分に切る）……2かけ分

マッシュルーム（根元を切り、縦半分に切る）
……5〜6個分（60g）

赤唐辛子……2〜3本

パセリ（みじん切り）……大さじ2

A ［塩・こしょう各少々］

1 スキレットにオリーブ油、にんにくを入れて弱火にかける。香りが立ったら、たこ、マッシュルーム、赤唐辛子を加えて炒め合わせる。

2 全体がなじんだら、パセリを加えて炒め、Aで調味する。

しょうがのシャキシャキ食感がクセになる

豚しゃぶのしょうが巻き鍋

日本酒

ビール

材料◉1人分

豚ロース肉（しゃぶしゃぶ用）……8枚

新しょうが（皮付きのまません切り）

……大1かけ分（約5㎝）

えのきたけ（根元を切り、ほぐす）……1袋分

水菜（5〜6㎝長さに切る）……40g

塩蔵わかめ（水で戻し、4〜5㎝長さに切る）……10g

だし汁……2カップ

A［酒大さじ1、塩小さじ½］

1 豚肉を縦長に置き、手前側に新しょうがをのせる。えのきたけ、水菜、わかめをのせ、手前から巻いてつまようじで止める。

2 鍋にだし汁を入れて中火で煮立て、Aで調味する。

3 2の鍋に1を入れ、野菜がしんなりするまで煮る。

そのままで
いただくのはもちろん、
好みのたれでいただくのも
オススメです
（→p.44）。

とろ〜りチーズがたまらない！

チーズフォンデュ

白ワイン

材料◉1〜2人分

むきえび……3尾

厚揚げ（1.5㎝厚さに切る）……$\frac{1}{6}$枚分

ブロッコリー（小房に切る）……3房分（60g）

ミニトマト（へたを取る）……3個

ピザ用チーズ……100g

薄力粉……小さじ1

白ワイン……大さじ3

A ［塩・こしょう各少々］

1 えびは背わたを取って、水で洗う。鍋に湯を沸かし、厚揚げ、ブロッコリー、えびの順に入れてゆでる。えびの色が変わったらざるにあげる。

2 1の具材とミニトマトを竹串に2種類ずつ刺す。

3 小鍋にチーズ、薄力粉を入れて混ぜ、白ワインをふる。Aを加えてふたをし、弱火にかけてチーズを溶かす。

4 2の具材に、3のチーズをからませていただく。

絹ごし豆腐に変えて、
つるんとしたのどごしを
楽しんでもいいですね。

たらの湯豆腐

たっぷりの薬味とともに召し上がれ

日本酒

焼酎

材料◉1人分

生たら（切り身／4等分に切る）……1切れ分
塩……適量
水……2カップ
昆布……6cm
わけぎ（小口切り）……3本分（30g）
かつお節……1袋（5g）
木綿豆腐（4等分に切る）……½丁分
酒……大さじ2
おろししょうが……適量

クイックポイント

昆布の旨みが出るには時間がかかります。朝、昆布を水に浸して冷蔵庫に入れておけば、すぐに使えるから、作り方1は省けます。

1 鍋に水、昆布を入れて約30分浸しておく。

2 たらは、ざるに並べて塩少々をふって約5分置く。たらを湯にくぐらせ、表面の色が変わったら冷水に取って冷まし、うろこを取り除くように洗う。

3 ボウルにわけぎ、かつお節を入れて塩小さじ⅓を加えて混ぜ合わせる。

4 1の鍋にたら、豆腐、酒を入れて弱火にかける。煮立ってきたら、ふたをして弱火でさらに7〜8分煮る。具材に火が通ったら、3、おろししょうがの順にのせる。

トマトと落とし卵の鍋

酸味のあるスープにベーコンの旨みたっぷり

ビール
赤ワイン
白ワイン

材料◉1人分

トマト（1cm角に切る）……2個分
オリーブ油……大さじ1
にんにく（薄切り）……1かけ分
ベーコン（3cm幅に切る）……3枚分
赤唐辛子（種を取る）……1本
A ［塩小さじ⅓、こしょう少々］
卵……1個
イタリアンパセリ……適宜

1 鍋にオリーブ油、にんにくを入れて弱火で炒める。香りが立ったら、ベーコン、赤唐辛子を加えてさらに炒め、トマトを加える。煮立ってきたら、Aで調味し、ふたをして弱火で約10分煮詰める。★トマトから出る水分で煮立てます。

2 1に卵を落とし入れてふたをし、卵が半熟状になったら火を止め、好みでイタリアンパセリを散らす。

しっかりとした甘辛味でお酒がすすむ！

鴨ねぎとクレソンの鍋

日本酒
焼酎
赤ワイン

材料◉1人分

鴨むね肉（1cm厚さのそぎ切り）……150g

長ねぎ（1cm幅の斜め切り）……$\frac{2}{3}$本分

クレソン……2束分（50g）

サラダ油……大さじ1

酒……大さじ2

A［しょうゆ大さじ2、みりん大さじ2、砂糖大さじ$\frac{1}{2}$］

練りわさび……適宜

1 フライパンにサラダ油を入れて熱し、長ねぎを入れて強火で両面をサッと焼き、鍋に移す。同じフライパンに鴨肉を入れ、強火で両面をサッと焼き、同じ鍋に移す。

2 1の鍋に酒をふり、Aを加えてからめ、クレソンを入れてひと煮する。好みでわさびをのせる。★クレソンはシャキシャキとした食感が残るように、最後に加えます。

鉄鍋を使えば焼き目が
しっかりつくうえ、そのまま
食卓に出せますよ！

覚えておきたい

土鍋の扱い方

**小鍋を作るなら1つは持っておきたいマイ土鍋。
長持ちさせるために、扱い方をよく知っておきましょう。**

小鍋(1〜2人前)なら
6号サイズがオススメ!

土鍋は鍋底が厚く、熱伝導も遅いのでゆっくりと温まります。その分、熱くなると冷めにくいという保温効果もあります。また、遠赤外線効果によって食材の芯までじんわりと火が通るのも土鍋の特徴。煮込んで食べる鍋料理にぴったりです。

初めて使うときは……

おかゆを炊く

新品の土鍋は、使う前におかゆを炊いて「目止め」をします。土鍋の材質は素焼きで細かい気泡が残っているため、米のでんぷん質で気泡を埋めることで、水漏れやヒビ割れを防ぎます。

＋目止めの仕方＋

①土鍋に七～八分目まで水を入れ、米大さじ2を加えて弱火で炊く。
②おかゆができたら火を止めそのまま完全に冷まし、洗って乾かす。

ふだん使うときは……

鍋底が濡れた状態で使わない

底の素焼き部分が水に濡れたまま火にかけると、急激な温度変化でヒビ割れの原因に。火にかける前に、鍋底が濡れていないか、しっかりと確認しましょう。

空焚きは絶対にしない

空焚きをすると急な温度変化に耐えられず、ヒビが入る可能性があります。万が一、空焚きをしてしまったら水は入れず、火を消して自然に冷めるのを待ちます。

水洗いし、ふせて乾かす

土鍋を洗うときは、スポンジでやさしく水洗いが基本。洗ったあとは乾いたふきんでふいてひっくり返し、底を上にしてしっかり乾かすことで、カビが生えるのを防ぎます。

箸休めの一品

鍋に合う その1 小鉢

小鍋を食べていて、
少し変化がほしいと思うときは小鉢を。
味や食感、口の中の温度が変わり、
小鍋が最後までおいしく食べられます。

トロッとした黄身と甘じょっぱさがアクセント

半熟ゆで卵のしょうゆ漬け

作り置き可

冷蔵庫で3~4日

材料◉4個分

卵……4個

A［だし汁1カップ、
みりん大さじ2、しょうゆ1/3カップ、砂糖大さじ1］

1 鍋に湯を沸かし、卵を入れる。再び煮立ったら火を弱め、約6分ゆでる。冷水にとり、完全に冷めたら殻をむく。

★卵は常温に戻してからゆでると割れにくいうえ、殻がむきやすくなります。冷たい場合は卵の底に小さな穴を開けます。

2 別の鍋にAを入れて火にかけ、煮立ったら火を止めて粗熱をとる。

3 1を保存容器に入れ、2を卵全体がかぶるように入れて冷蔵庫で一～二晩漬け込む。

さわやかな風味と歯ざわりで口の中をリセット

セロリのラーパーツァイ

作り置き可 冷蔵庫で3~4日

材料◉2人分

セロリ（筋を取り、4～5㎝長さ、1㎝幅に切る）

……2本分（150g）

塩……小さじ⅔

ごま油……大さじ1

赤唐辛子（種を取って、斜め切り）……½本分

A［酢大さじ2、砂糖大さじ½］

1 ボウルにセロリを入れ、塩をふって混ぜ、2～3時間ほど置く。しんなりとしたら水でさっと洗い、水気を絞って別のボウルに入れる。

2 フライパンにごま油、赤唐辛子を入れて弱火で熱し、香りが立ったらAを入れて砂糖を煮溶かす。

3 2を1にかけ、途中で上下を返して自然に冷まし、味をしみ込ませる。

マヨネーズだけで味がきまる！ さっぱり系の白あえ

サラダ風白あえ

作り置き可　冷蔵庫で1~2日

材料◉2人分

木綿豆腐……½丁分（150g）

きゅうり（薄めの小口切り）……1本分

塩……小さじ½

すり白ごま……大さじ2

A ［マヨネーズ大さじ2、こしょう少々］

ミニトマト（へたを取り、縦半分に切る）……5個分

1 豆腐は、沸騰した湯に手でくずしながら入れる。ひと煮立ちしたらざるにあげ、冷めるまで置いて水気をきる。★豆腐はしっかり水きりをしないと、水っぽくなってしまいます。

2 ボウルにきゅうりを入れ、塩をふって混ぜ、約10分置く。しんなりしたら水で洗い、水気を絞る。

3 すり鉢に1、白ごまを入れてなめらかになるまでする。Aを加えて調味し、2、ミニトマトを加えてあえる。

3章

仕事で疲れた日には からだにやさしい鍋

元気が出る食材で
パワーアップ！

からだにやさしい食材でエネルギーを補充

「今日はなんだか疲れたなあ……」。そんな日は、やさしい味わいの小鍋で、からだと心を癒してあげましょう。ポイントは材料の選び方。消化不良のときは、鶏ひき肉や白身魚など消化のいい食材を。ムリなく食がすすみ、エネルギーも補充できます。肌の調子が気になる日には、牛すじ肉や鶏手羽元でコラーゲンをいただきましょう。

美容にうれしい
栄養たっぷり!

疲れたときは
消化のいい食材を

豆乳鍋

大豆パワーたっぷりのまろやかな味わい

材料◉1人分

鶏ひき肉……100g

長ねぎ(みじん切り)……大さじ1

A［水大さじ1、酒小さじ1、塩・しょうが汁各少々］

だし汁……1½カップ

B［酒大さじ1、塩小さじ½］

白まいたけ(根元を切り、ほぐす)……100g

レタス(5〜6㎝四方に切る)……100g

絹ごし豆腐……⅓丁

豆乳……1カップ

1 ボウルにひき肉、長ねぎ、Aを入れてよく混ぜる。

2 鍋にだし汁を入れて中火で煮立て、Bを加え調味する。

3 1をスプーンで小さくすくって2に入れ、まいたけを加える。ふたをして弱火で6〜7分煮る。

4 豆腐を手でくずしながら加え、レタス、豆乳を加え、レタスがしんなりするまで煮る。

白まいたけを
えのきたけに変えても
OKですよ！

とろみの保温効果でからだもポカポカ

カリフラワーのひき肉包み煮

材料◉2人分

鶏ひき肉……160g

長ねぎ(みじん切り)……大さじ3

しょうが(すりおろす)……小さじ1/3分

A [酒大さじ1/2、塩少々、片栗粉小さじ1、
水大さじ1]

カリフラワー(小房に切る)……8房(200g)

片栗粉……適量

だし汁……3カップ

B [酒大さじ1、みりん大さじ1、塩小さじ1/2]

水菜(2cm長さに切る)……50g

C [片栗粉大さじ1、水大さじ1]

柚子の皮(せん切り)……少々

1 ボウルにひき肉、長ねぎ、しょうが、Aを入れてよく混ぜ、8等分にする。

2 カリフラワーの花蕾《からい》に片栗粉を薄くつけ、1を薄くのばしてかぶせながらはりつける。

3 鍋にだし汁を入れて中火にかけ、煮立ったらBを加えて調味する。2をひき肉の面を下にして入れ、再び煮立ったらふたをして弱火で約10分、カリフラワーがやわらかくなるまで煮る。

4 水菜を加えてひと煮し、Cをよく混ぜて加え、ひと混ぜしてとろみをつけて、柚子の皮を散らす。

鶏ひき肉とカリフラワーは
消化がいいので、
ボリュームたっぷりでも
ぺろりといけます。

鶏手羽元でラクに作れちゃうんです

簡単参鶏湯《サムゲタン》風鍋

もち米や
なつめなど、疲労や
食欲不振にきく
食材がたっぷり
入っています。

材料◉2人分

鶏手羽元……6本

水……4カップ

A［酒大さじ2、塩小さじ1］

もち米（水でさっと洗い、水気をきる）……大さじ2

しょうが（皮付きのまま薄切り）……小$\frac{1}{2}$かけ分

B［にんにく1かけ、干しなつめ4個、
くこの実大さじ1、松の実大さじ1］

大根（4cm長さのせん切り）……300g

せり（3cm長さに切る）……30g

いり白ごま……少々

1 鍋に鶏手羽元、水を入れて中火にかけ、煮立ったら火を弱めてあくを取り、Aで調味する。

2 もち米、しょうが、Bを加え、再び煮立ってきたらふたをして、弱火で約20分煮る。

★焦げないように、底から混ぜながら煮ます。

3 大根を加えて混ぜ、ふたをして弱火でさらに約5分煮る。せりをのせ、白ごまをふる。

食べた翌日はお肌がプルプル?!

牛すじ肉のコラーゲン鍋

材料◉1〜2人分

牛すじ肉……400g

水……2〜3カップ

A［酒大さじ3、塩小さじ½］

しょうがの皮……1かけ分

絹ごし豆腐（4〜6等分に切る）……½丁分

わけぎ（小口切り）……50g

ポン酢しょうゆ（→p.44）……適量

クイックポイント

牛すじはやわらかくなるまで時間かかるので、あらかじめ作り方2まで行っておき、冷蔵保存するとラク。日持ちは2〜3日。

1 牛すじは熱湯で約5分ゆでてざるにあげ、水で洗って一口大に切る。★火が通りにくいので下ゆでしておきます。

2 鍋に1、水を入れて中火にかけ、煮立ってきたら、A、しょうがの皮を入れ、ふたをして弱火で30分〜1時間煮る。

3 豆腐を加えてさらに煮、豆腐が温まったらわけぎを散らして火を止める。器に取り、ポン酢しょうゆなどでいただく。

七味唐辛子や
練り辛子なんかも
合いますよ♪

美肌の味方、トマトジュースで洋風に

豚しゃぶとほうれん草の常夜鍋《じょうやなべ》風

材料◉1人分

豚バラ肉（しゃぶしゃぶ用）……100g

ほうれん草（2〜3等分に切る）……100g

トマトジュース……1カップ

だし汁……1カップ

A［酒大さじ2、塩小さじ½、こしょう少々］

えのきたけ（根元を切り、ほぐす）……1袋分

パルメザンチーズ……大さじ2

粗びき黒こしょう……少々

1 鍋にトマトジュース、だし汁を入れて中火にかけ、煮立ったらAで調味する。豚肉、えのきたけを加え、中火で8〜10分煮る。

2 ほうれん草を加え、しんなりするまで煮て、チーズ、黒こしょうをふる。

豚肉やほうれん草をさっと煮て
ポン酢でいただく常夜鍋を、
洋風にアレンジ！

泡立てた卵が口でほどけて、だしのやさしい味がしみ出す

えびとゆり根のふわふわ卵蒸し

材料◉1人分

むきえび……80g

ゆり根……½個分(30g)

だし汁……½カップ

A［酒大さじ½、塩少々］

しめじ(根元を切り、ほぐす)……80g

卵……2個

塩……少々

貝割れ菜(根元を切り、半分の長さに切る)……適量

1 えびは背わたを取って水で洗い、水気をふく。

2 ゆり根は根元を少し切り落とし、りん片を1枚ずつはがして黒い部分は包丁で削ぎ取る。熱湯に塩(分量外)を入れて約1分ゆで、ざるにあげる。

3 鍋にだし汁を入れて煮立て、Aで調味する。1、2、しめじを加えて中火でひと煮する。

4 卵は卵白と卵黄に分けてそれぞれボウルに入れ、卵白を泡立器でかたく泡立てる。卵黄、塩を加えて混ぜ、3に流し入れ軽く混ぜる。ふたをして弱火で約3分蒸し煮して、貝割れ菜を散らす。

ほどよい辛さで元気が出る

あさりのスンドゥブチゲ

材料◉1人分

あさり(殻付き/砂抜きしたもの)……150g

絹ごし豆腐……½丁(150g)

水……2カップ

鶏がらスープの素(顆粒)……小さじ½

A [酒大さじ1、しょうゆ小さじ1、塩小さじ¼]

長ねぎ(1㎝厚さの斜め切り)……8㎝分

白菜のキムチ(2〜3㎝幅に切る)……80g

せり(3㎝長さに切る)……30g

ごま油……小さじ1

1 鍋にあさり、水、鶏がらスープの素を入れて中火にかける。煮立ってきたら火を弱め、ふたをしてあさりの殻が開くまで煮て、Aで調味する。

2 鍋の中心に豆腐を入れて、まわりに長ねぎ、キムチを散らし入れ、中火で3〜4分煮る。

3 せりを散らし、ごま油をたらす。

白身魚のとろろ鍋

上品な白身魚とのどごしのよいとろろがなじんでほっとする一品

わさびで、
味がピリッと
しまります。

材料◉1人分

鯛（切り身／半分に切る）……1切れ分

A ［酒大さじ½、塩少々］

長いも（すりおろす）……160g

ブロッコリー（小房に切り、縦半分に切る）
……3房分（60g）

塩……適量

生しいたけ（軸を切り、縦半分に切る）……3枚分

だし汁……大さじ3

練りわさび……適宜

1 ボウルに鯛、Aを入れて混ぜ、下味をつける。

2 熱湯に塩少々を入れ、ブロッコリーをさっとゆでてざるにあげる。

3 すりおろした長いもに塩小さじ⅕を加え、よく混ぜる。

4 浅めの鍋に1、2、しいたけを並べてだし汁を注ぎ、3をかける。ふたをして弱めの中火にかけ、煮立ったら、弱火で10〜12分煮る。好みでわさびをのせる。

野菜を薄切りにしてたっぷりいただきます

根菜と豚しゃぶの鍋

材料◉1人分

豚ロース肉(しゃぶしゃぶ用)……100g

れんこん(薄切り)……60g

かぶ(茎を約3cm残して葉を切り、縦に薄切り)……1個分

にんじん(帯状に切る)……小½本分

ごぼう(皮をこそげて8cm長さに切り、縦に薄切り)
……40g

だし汁……2½カップ

A［酒大さじ1、塩小さじ⅔］

すだち(横半分に切る)……1個分

1 かぶは水に約5分さらして、茎の中の泥などを落とす。

2 鍋にだし汁を入れて中火にかける。煮立ったら、火を弱めてAで調味する。

3 1と残りの野菜を入れ、しんなりしたら、豚肉を1枚ずつ広げながら入れて煮る。具が煮えたら器に取り、煮汁を注いですだちを搾っていただく。

食卓を彩る 小鍋グッズあれこれ

小鍋

定番の土鍋のほか、鋳物ホーロー鍋、すき焼き用鍋、ステンレス鍋など、メニューに合わせて使い分けると見た目も華やかに。

ホーロー鍋なら

直径18~20cm

土鍋なら

口径20cm

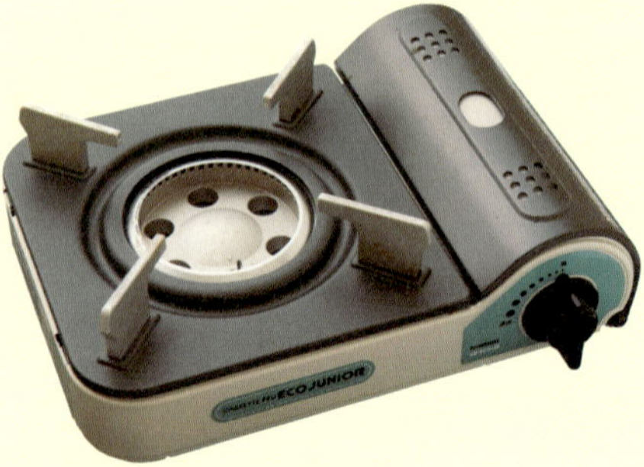
ECOJUNIOR

卓上コンロ

しゃぶしゃぶ系の鍋など、温めながら食べる鍋には必須アイテム。小鍋用の小さいサイズもあるので、手持ちの鍋に合わせて選んで。

小鍋生活をさらに楽しくしてくれるのが、
便利なグッズたち。その日の気分で
使う形や色を変えてみては？

れんげ

鍋から取り分けるときや、スープをいただくときなどに使います。陶器のものや木製のものなど種類はさまざま。

取り分け皿

鍋から直接食べると熱い場合は、取り分け皿を。シンプルなものから柄ものまで、鍋のテイストに合わせて選ぶと雰囲気も出ます。

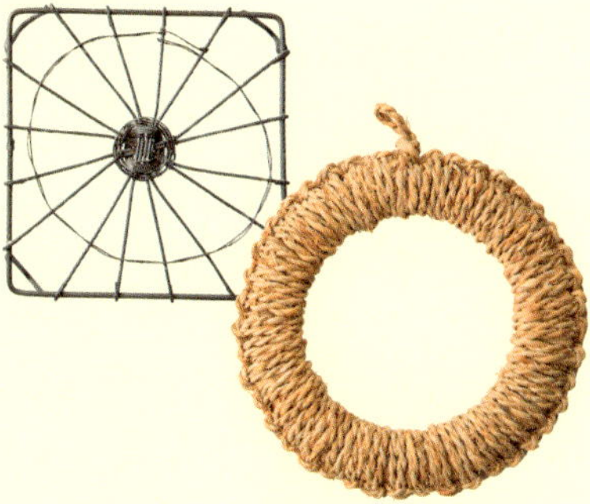

鍋敷き

土鍋など熱が逃げにくい鍋に使用する場合、布製の鍋敷きだと熱を通してしまうことも。比較的熱に強い鉄やシリコン、藁《わら》などがおすすめです。

箸休めの一品

鍋に合う その2 小鉢

76ページに続き、
小鉢のレパートリーを紹介。
時間のある日に作り置きしておけば、
鍋と一緒にすぐ食べられます。

さわやかな梅の香りと酸味でさっぱり！

だし昆布の梅味噌あえ

作り置き可　冷蔵庫で2~3日

材料◉2～3人分

だしをとった後の昆布……60g
梅干し(種を取り、包丁で細かくたたく)……2個分
白味噌……大さじ2
酒……大さじ1
みりん……大さじ1
かつお節……2袋(6g)

1 昆布は3cm幅に切り、繊維を断つようにせん切りにする。

2 大きめのボウルに梅干し、味噌、酒、みりんを入れてよく混ぜる。1、かつお節を加えてあえる。

飽きのこない味に、つい箸がのびる

シンプルポテトサラダ

作り置き可　冷蔵庫で2~3日

材料◉3～4人分

じゃがいも（3㎝角に切り、水に約10分さらす）……3～4個分
フレンチドレッシング（市販品）……大さじ1～2
A［マヨネーズ大さじ3、生クリーム大さじ2］
B［塩・白こしょう各少々］
黒こしょう……少々

1 鍋にじゃがいも、かぶるくらいの水を入れてふたをし、中火にかける。煮立ったら、弱火で12～15分やわらかくなるまでゆで、ざるにあげて水気をきる。

2 じゃがいもを1の空の鍋に戻し入れて中火にかけ、水気をとばすようにして混ぜ、粉ふきいもを作る。

3 2をボウルに移し、ドレッシングを入れて混ぜ、冷ます。Aを加えて混ぜ合わせ、全体にからんだらBで調味する。器に盛り、黒こしょうをふる。

ピリ辛のカリカリじゃこはおつまみにもピッタリ

ちりめんじゃことピーナッツのピリ辛炒め

作り置き可
冷蔵庫で4~5日

材料◉2～3人分

ちりめんじゃこ……20g

ピーナッツ（薄皮を取る）……50g

ごま油……大さじ1

にんにく（薄切り）……1かけ分

赤唐辛子（種を取り、5㎜幅の小口切り）……1/2本分

1 フライパンにごま油、にんにくを入れて弱火で炒める。

2 香りが立ったら、ちりめんじゃこ、ピーナッツ、赤唐辛子を入れて弱火でカリカリになるまで炒める。

たらこのプチプチ食感がたまらない！

ひじきのたらこ炒め

作り置き可　冷蔵庫で4~5日

材料◉2人分

長ひじき（乾燥）……15g

たらこ（中身を取り出す）……小½腹分（約30g）

サラダ油……大さじ⅔

酒……大さじ1

1 ひじきは水で洗い、たっぷりの水に20〜30分浸して戻す。ひじきをざるにあげて水で洗い、水気をきる。長いものは5〜6cm長さに切る。

2 フライパンにサラダ油を中火で熱し、ひじきを入れて炒める。たらこを加えてさらに炒め、全体がなじんだら酒を加えて、たらこに火を通すようにして炒める。

作り置き可　冷蔵庫で4~5日

大根の辛みで口の中を引き締める

大根の皮の味噌漬け

材料◉2人分

大根の皮(厚め／8cm長さに切る)……100g

味噌……40g

1 大根の皮を並べ、1枚ずつ片面に味噌をぬる。5～6枚ずつ重ねて保存袋に入れて、冷蔵庫で6時間～一晩漬ける。

2 味噌をぬぐい取って大根の皮を3～4cm長さに切り、さらに繊維を断つように1cm幅に切る。

4章

お惣菜を簡単アレンジ

リメイク鍋

お惣菜で栄養アップ&時短を実現

一人暮らしの強い味方、お惣菜。実は小鍋レシピにも重宝するって、ご存じでしたか。「そのまま食べればいいのでは?」と思うなかれ。小鍋に仕立てるには、野菜などの食材をプラスするため、栄養バランスが断然よくなるメリットがあるのです。また、調理済みのお惣菜を使うことで、時短にもつながります。さらに、夕刻には、お惣菜の割引も期待できるかもしれませんね。

小鍋にぴったりのお惣菜

>> p.112 とんかつ

>> p.110 から揚げ

>> p.116 しゅうまい

>> p.114 刺身

>> p.120 ぎょうざ

>> p.118 天ぷら

>> p.124 麻婆豆腐

>> p.122 魚の塩焼き

>> p.128 ミートボール

>> p.126 焼き鳥

リメイク素材 から揚げ

鶏のから揚げとレタスの鍋

惣菜から揚げは濃い味つけだからスープは薄味に

材料◉1人分

鶏のから揚げ……4個(130g)
水……3カップ
鶏がらスープの素(顆粒)……小さじ½
A［酒大さじ1、塩小さじ½、
粗びき黒こしょう少々］
にんじん(2〜3㎜幅の輪切り)……½本分(50g)
レタス(6〜7㎝四方に切る)……小½個分(150g)

1 鍋に水、鶏がらスープの素を入れ、煮立ってきたら、Aで調味する。

2 鶏のから揚げ、にんじんを入れてふたをし、弱火でにんじんがやわらかくなるまで4〜5分煮る。レタスを加えて、しんなりするまで煮る。

から揚げを使うと
旨みが出ておいしいから、
私もよく作るのよ♪

とんかつの卵とじ鍋

だしの旨みを吸って、とんかつがさらにおいしく変身

材料◉1人分
とんかつ(1～1.5㎝幅に切る)……1枚分
だし汁……2½カップ
A［酒大さじ1、みりん大さじ1、しょうゆ小さじ1、塩小さじ⅖］
キャベツ(2㎝幅に切る)……150～200g
卵……1個
細ねぎ(小口切り)……2本分
七味唐辛子……適宜

1 鍋にだし汁を煮立て、Aで調味する。

2 再び煮立ったら、キャベツを入れてしんなりするまで煮る。とんかつを並べて加え、ふたをしてとんかつが温まるまで2～3分煮る。

3 ボウルに卵を入れて粗くほぐしたら、2に流し入れて1～2分煮、細ねぎを散らす。好みで、七味唐辛子をふる。★卵がかたくなりすぎないように、煮すぎに注意しましょう。

刺身のしゃぶしゃぶ鍋

サッとだしに通して素材の食感を楽しんで

材料◉1人分

刺身の盛り合わせ……100g(つまを含む)

エリンギ(根元を切り、縦に薄切り)……1本分

貝割れ菜(根元を切る)……1束分

塩蔵わかめ(水で戻し、4〜5㎝長さに切る)……10g

水……3カップ

昆布……8㎝

A [酒大さじ2、塩少々]

ポン酢しょうゆ……適宜

柚子こしょう……適宜

万能ねぎ(小口切り)……適宜

クイックポイント

昆布の旨みが出るには時間がかかります。朝、昆布を水に浸して冷蔵庫に入れておけば、すぐに使えるから、作り方1は省けます。

1 鍋に水、昆布を浸して、約30分ほどおく。

2 1の鍋を弱火にかけ、煮立ってきたらAを入れて調味する。

3 鍋に貝割れ菜、つま、エリンギを入れてサッと火を通す。刺身を1切れずつ煮汁にくぐらせ、野菜とともに、万能ねぎを入れたポン酢しょうゆ、柚子こしょうなどをつけていただく。

リメイク素材 しゅうまい

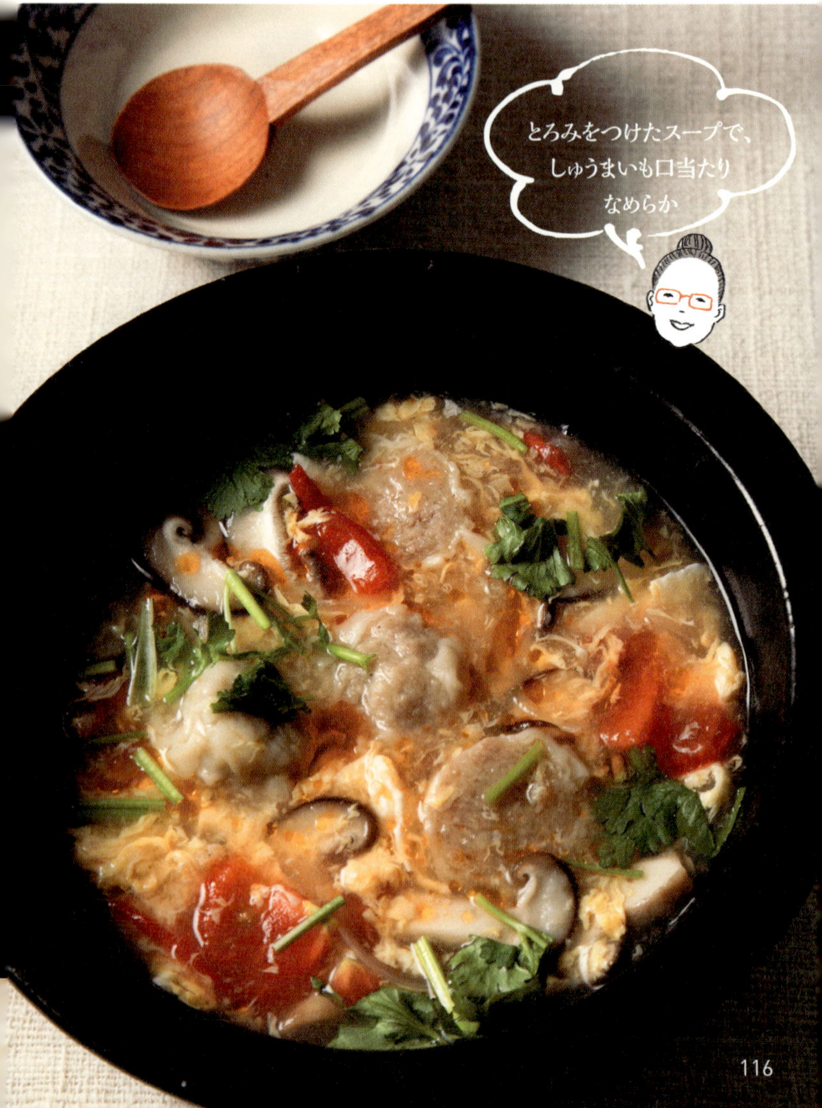
とろみをつけたスープで、
しゅうまいも口当たり
なめらか

しゅうまいのサンラータン鍋

酸味と辛味の組み合わせで食欲アップ

材料◉1人分

しゅうまい（横半分に切る）……5個分
水……2½カップ
鶏がらスープの素（顆粒）……小さじ½
生しいたけ（軸を切り、5㎜幅に切る）……2枚分
玉ねぎ（縦に薄切り）……小½個分
トマト（縦半分に切り、5㎜幅に切る）
　……小½個分（100g）
A ［酒大さじ1、しょうゆ小さじ1、酢大さじ1〜2、
　砂糖大さじ½、塩小さじ⅓、こしょう少々］
B ［片栗粉大さじ½、水大さじ1］
卵……1個
パクチー（2〜3㎝長さに切る）……適量
ラー油……適量

1 鍋に水、鶏がらスープの素を入れて中火にかけ、煮立ってきたら、しゅうまい、しいたけ、玉ねぎを入れる。再び煮立ってきたら、弱火にしてしんなりするまで煮る。

2 トマトを入れ、Aで調味してひと煮する。

3 2にBを混ぜ合わせて加え、とろみをつけたら、卵を溶いて流し入れる。卵に火が通ったら、パクチーを入れてひと煮し、ラー油をかける。

たっぷりの大根おろしで揚げ物がさっぱり

天ぷらのみぞれ鍋

材料◉1人分

天ぷら(えび、きす)……各1個

しめじ(根元を切り、3〜4本ずつにほぐす)

……1パック分(100g)

大根(すりおろす)……200g

だし汁……1½カップ

A [酒大さじ1、みりん大さじ1、しょうゆ小さじ1、塩小さじ½]

三つ葉(2〜3㎝長さに切る)……1束分

1 鍋にだし汁を煮立て、A で調味する。

2 1にしめじを入れてふたをし、弱火でしんなりするまで約3分煮る。天ぷらを加えてふたをし、温まるまで2〜3分煮る。

3 2に大根おろしを汁ごと加えて温め、三つ葉を散らす。★大根おろしは煮すぎると、香りがとんでしまうので注意しましょう。

天ぷらの具は
好みのものなんでもOK！

天ぷら　リメイク素材

なすいっぱいの鍋にまるごとぎょうざを投入！

ぎょうざ鍋

材料◉1人分

焼きぎょうざ……5個（120g）

なす（皮をむき、5〜6㎜角の棒切り）……2本分

だし汁……3カップ

A ［酒大さじ1、塩小さじ½、こしょう少々］

エリンギ（根元を切り、5〜6㎜角の棒切り）
……小2本分

1 なすは、水に約5分さらして水気をきる。★水に長時間つけると、味がしみ込みにくくなるので、注意しましょう。

2 鍋にだし汁を煮立て、Aで調味する。

3 2に1のなす、エリンギを入れる。再び煮立ってきたら、ふたをして弱火で4〜5分煮て、さらにぎょうざを並べて温まるまで煮る。

魚の塩焼きとかぶの鍋

焼き魚の香ばしさと、凝縮した旨みで上等なおだしに

材料◉1人分

魚の塩焼き(かれい)……1人分(120g)

かぶ(茎を3～4㎝残して葉を切り、縦2～3等分に切る)
……2個分

かぶの葉(3㎝長さに切る)……50g

だし汁……3カップ

酒……大さじ1

しょうが(薄切り)……小$\frac{1}{2}$かけ分

塩……小さじ$\frac{2}{3}$～$\frac{1}{2}$

柚子の皮(せん切り)……$\frac{1}{4}$個分

1 鍋にだし汁を入れて中火で煮立て、焼き魚、かぶ、酒、しょうがを入れる。再び煮立ってきたら、ふたをして弱火で5～6分煮、かぶの葉を加えてさらに3～4分煮る。

2 1に塩を入れて調味したら、柚子の皮をのせる。

白身魚、
赤身魚どちらにも合う
シンプルな味つけです。

中華の定番料理をダブル使いした欲張りメニュー

麻婆豆腐と春雨の鍋

材料◉1人分

麻婆豆腐……1人分(150g)

春雨(乾燥/乾燥のまま、6〜7cm長さに切る)……20g

豆苗(根元を切り、半分に切る)……1束分

水……2½カップ

鶏がらスープの素(顆粒)……小さじ½

A [酒大さじ1、しょうゆ大さじ⅔、塩少々]

1 鍋に水、鶏がらスープの素を入れて中火にかける。煮立ってきたら、春雨、Aを加えて混ぜ、ふたをして弱火で約5分煮る。

2 麻婆豆腐を加え、再び煮立ってきたら、豆苗を入れてしんなりするまで煮る。

豆苗は最後に
投入して、
食感を残すと◎!

麻婆豆腐 リメイク素材

たれまで利用して味わい深く

焼き鳥と豆腐の鍋

材料◉1人分

焼き鳥(鶏もも肉、つくね)……各1串

木綿豆腐(半分に切り、1～1.5㎝厚さに切る)

……½丁分

だし汁……2～2½カップ

A［しょうゆ大さじ½、酒大さじ1、塩小さじ⅓］

長ねぎ(小口切り)……½本分

七味唐辛子……適宜

1 焼き鳥を耐熱皿にのせ、600Wの電子レンジで約1分温めたら、串を抜く。

2 鍋にだし汁を入れて中火で煮立て、Aで調味する。

3 2に焼き鳥、豆腐を入れ、煮立ってきたら弱火にして約3分煮る。長ねぎを加えてひと煮し、好みで七味唐辛子をふる。

焼き鳥 リメイク素材

ミートボールと白菜のトロトロ鍋

オリーブ油が香る、野菜たっぷり肉ちょっとの洋風煮込み鍋

材料◉1人分
ミートボール……4個(130g)
白菜(横3等分に切り、縦5cm幅に切る)……300g
水……1カップ
酒……大さじ1
A [しょうゆ大さじ1、塩小さじ¼、こしょう少々]
ミニトマト(へたを取る)……4個
パセリ(みじん切り)……大さじ1
オリーブ油……小さじ1

1 鍋に白菜を敷き、ミートボールをのせる。水を注ぎ、中火にかけて煮立ってきたら、酒をふり、Aで調味する。ふたをして弱火にし、白菜がトロトロになるまで約25分煮る。

2 ミニトマトを加えてひと煮したら、パセリを散らし、オリーブ油をかける。

ミニトマトはサッと
火を通して食感の
アクセントに。

今日は何にしよう？

しめを楽しむ

**鍋の楽しみのひとつはしめのごはんやめん。
好きな食材とトッピングを選んで、自由に楽しみましょう。**

※鍋によって、煮汁が少ないものがあります。煮汁が足りない場合は適宜だしを加え、調整しながら作ってください。

めん類

めん類はしめの定番食材。
定番のうどんやラーメンのほか、
フォーやビーフンなども、
エスニック系の鍋にぴったりです。

- **うどん**
- **きしめん**
- **そば**
- **ラーメン**
- **ビーフン**
- **フォー**
- **スパゲッティ**
- **そうめん**
- **焼きそば**
- **ちゃんぽんめん**

ごはん類

だしを吸ったおじやは、
スルスル食べられる別腹メニュー。
餅をそのまま入れたり、
焼いてから入れるのも◎。

- **ごはん**
- **餅**
- **焼きおにぎり**

その他

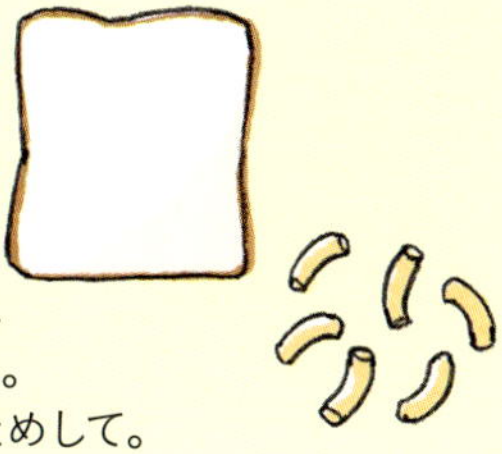

洋風の鍋にはパンを、
サンラータンなどの酸味のある鍋には
春雨など、組み合わせはアイデア次第。
めんやごはんにこだわらず、いろいろためして。

- **食パン**
- **フランスパン**
- **マカロニ**
- **春雨**
- **すいとん**
- **ぎょうざ**
- **ワンタンの皮**

トッピング

おじやに卵を落としたり、
リゾットにチーズをかけたり。しめには、
ちょい足しするトッピングもほしいもの。

- **三つ葉**
- **卵**
- **チーズ**
- **ごま**
- **ねぎ**
- **わさび**
- **梅干し**
- **のり**
- **パクチー**
- **パセリ**
- **バター**
- **ベーコン**

鍋×しめアイデア集

本書の小鍋レシピと、130〜131ページの食材とトッピングを組み合わせて、いろいろなしめを楽しみましょう。

あっさりお茶漬け風

牛しゃぶとわけぎの鍋（p.20） × ●**ごはん** × ●**梅干し** ●**わさび**

煮立てたスープに、茶碗1杯分ほどのごはんを入れる。軽く煮詰めたら器に盛り、梅干しとわさびを添える。味が薄い場合はしょうゆか塩を加える。

こってりバターラーメン

たらとじゃがいものにんにく鍋（p.28） × ●**ラーメン** × ●**バター** ●**長ねぎ**

煮立てたスープにラーメン1袋分を入れ、袋の表示時間通りに煮る。器に盛り、バターと刻んだ長ねぎをのせる。好みでスープに味噌を加えてもOK。

カレーうどん

さばのカレー風味鍋（p.42） × ●**うどん** × ●**長ねぎ**

煮立てたスープにうどん1玉を入れる。しょうゆで味を調え、うどんが温まったら器に盛り、小口切りにした長ねぎをのせる。

トマトスープパスタ風

豚しゃぶとほうれん草の常夜鍋風(p.90) × ● スパゲッティ × ● パセリ

スパゲッティを表示時間より2分ほど短く下ゆでする。スープを煮立て、スパゲッティを入れて煮る。器に盛り、刻んだパセリを散らす。

魚だしそば

魚の塩焼きとかぶの鍋(p.122) × ● そば × ● 刻みのり ● わさび

煮立てたスープに冷凍そばを入れ、そばが温まるまで煮る。器に盛り、刻みのりを散らす。好みでわさびを添える。

エスニックフォー

トムヤムクン風鍋(p.142) × ● フォー × ● パクチー ● ナンプラー

フォーを表示時間より2分ほど短く下ゆでする。煮立てたスープにフォーを入れ煮る。器に盛り、パクチーをのせる。好みでナンプラーを加える。

パンシチュー風

あさりの牛乳鍋(p.148) × ● フランスパン × ● ベーコン ● 粉チーズ

フランスパンをトーストし、小さくちぎって鍋に入れる。細かく切ったベーコンを加え、ひと煮する。最後に粉チーズをふる。

お口直しの一品

鍋に合うデザート

温かい鍋のあとは
冷たいデザートをどうぞ。
甘いものからさっぱりしたものまで、
小鍋のあとに食べたい
デザートを紹介します。

ツルンとした
のどごしがさわやか

寒天の黒蜜かけ

作り置き可　冷蔵庫で2~3日

材料◉2～3人分
棒寒天……½本
水……2カップ
黒蜜……大さじ4～5

1 棒寒天は3等分に切り、たっぷりの水に20～30分浸してやわらかくして、水気を絞る。

2 鍋に水を入れて1の寒天を手で細かくほぐし入れ、中火にかける。煮立ったら火を弱め、底から混ぜながら、5～6分煮詰める。

3 保存容器に2を万能こし器でこして入れ、粗熱がとれたら、ふたをして冷蔵庫で約2時間冷やす。

4 器に盛り、黒蜜をかける。

冷たくて甘酸っぱい
ジューシーな果物ですっきり！

フルーツのシロップ漬け

作り置き可　冷蔵庫で2~3日

材料◉2〜3人分

フルーツ（マスカット、ブルーベリー、バナナ、パイナップルなど）……400g

水……2カップ

グラニュー糖……200g

レモン汁……大さじ2

1 鍋に水、グラニュー糖を入れて中火にかけ、煮立ってきたら弱火にし、グラニュー糖を溶かす。火を止めて冷まし、レモン汁を加えて混ぜる。

2 マスカットとブルーベリーは水で洗い、ざるにあげて水気をふく。バナナは1㎝幅の輪切りにする。パイナップルは一口大に切る。

3 保存容器に2を入れて1を注ぎ、冷蔵庫に入れて約2時間冷やす。

季節のフルーツを使って楽しみましょう♪

小豆とココナッツのやさしい甘さのスイーツ

白玉団子とココナッツミルクの冷やし汁粉

作り置き可　冷蔵庫で1~2日

＊1の汁のみ密封容器で作り置き可。
白玉団子は食べる当日に作ります。

材料◉4人分

白玉粉……1/3カップ

水……1/3カップ

ゆで小豆（市販品）……120g

ココナッツミルク……2/3カップ

1 ボウルにゆで小豆、ココナッツミルクを入れて混ぜ、冷蔵庫で約1時間冷やす。

2 白玉団子を作る。ボウルに白玉粉を入れ、水を少しずつ加えて耳たぶぐらいのやわらかさになるようにこねる。直径1.5㎝ぐらいに丸め、中心を押さえる。たっぷりの熱湯に入れて底から混ぜ、浮いてきたら、約1分ゆでて冷水に取って冷まし、水気をきる。

3 冷蔵庫から取り出した1に2を加えて混ぜる。

ゆで小豆は甘く煮たものを選んで。味がしっかり出ておいしく仕上がります。

作り置き可
冷蔵庫で1~2日

しつこすぎない甘さがお口直しにうれしい一品

かぼちゃのバターソテー

材料◉2人分

かぼちゃ（皮付きのまま、長さを半分に切って縦4等分のくし形に切る）
……200g（正味）
バター……大さじ2
グラニュー糖……大さじ1
シナモンパウダー……少々

1 フライパンにバターを入れて熱して溶かし、かぼちゃの断面を下にして入れ、ふたをして弱火で4〜5分焼く。焼き目がついたら裏に返し、同じように、やわらかくなるまで蒸し焼きにする。

2 グラニュー糖をふって火を止める。器に盛り、シナモンバウダーをふる。

作り置き可　冷蔵庫で1~2日

さわやかな辛さがやみつき！

しょうがゼリー

材料◉4人分

新しょうが（皮付きのまま、8枚ほど薄切りにする。残りはすりおろす）
……計30g
水……1カップ
グラニュー糖……30g
粉ゼラチン……大さじ½
（水大さじ1½を加え、20分ほど置いてふやかす）
レモン汁……大さじ1

1 鍋に水、グラニュー糖、しょうがの薄切りを入れて中火にかけて煮立ってきたら、火を弱めて1〜2分煮てグラニュー糖を溶かす。火を止めてしょうがを取り出し、飾り用にとっておく。

2 1の鍋に水でふやかしたゼラチンを加えて混ぜ、溶かす。すりおろしたしょうがを加えて混ぜ合わせ、茶こしでこし、レモン汁を加えて混ぜる。

3 2が冷めたら器に流し入れて、冷蔵庫で約2時間冷やし固め、しょうがの薄切りを飾る。

5章

休日はひと手間加えて ごちそう鍋

きっと、作る価値あり！
深い味わいの「ごちそう鍋」

ふだんは少ない食材でパパッと作る「小鍋」レシピ派の人も、時間のあるときは、ふつうの大きさの鍋で、「ごちそう鍋」を作ってみませんか。３～４人分の鍋を使うメリットは、食材の種類を増やせたり、加熱に時間のかかる食材を煮込めたりすること。結果、深みのある味わいが堪能できます。友人を招いて食べきってもよし、冷蔵庫で保存して、小鍋２～３回分にしてもよし。手をかけただけのおいしさが満喫できます。

ごちそう鍋のメリット

1 食材の種類や幅が広がる

鍋の容量はたっぷりなので、入れる食材の種類が増やせます。ふだんあまり使わないビーツやかきなどの食材はもちろん、牛すね肉など、加熱に時間のかかる食材も安心して使えます。

2 具材は大きめカットで華やかに

小鍋は火の通りを早くするため、食材を薄く切ったりしますが、時間をかけて煮込むごちそう鍋は大きめに切ってもＯＫ。見た目も豪華になります！

東南アジアの香り漂う、酸っぱ辛い具だくさんスープ

トムヤムクン風鍋

材料◉2〜3人分

有頭えび（背わたを取って洗い、水気をふく）

……大3〜4尾

ゆでたけのこ（縦半分に切り、薄切りにする）……80g

厚揚げ（半分に切り、8㎜厚さに切る）……1枚分

春雨（乾燥／熱湯で戻し、食べやすい大きさに切る）

……20g

水……6カップ

中華スープの素（顆粒）……小さじ1

にんにく（縦半分に切ってつぶす）……1かけ分

しょうが（薄切り）……1かけ分

レモングラス（根元／1㎝幅の斜め切り）……2本分

赤唐辛子（極小）……4〜5本

こぶみかんの葉……小3〜4枚

酒……大さじ3

ナンプラー……大さじ2〜3

ごま油……大さじ1

レモン汁……大さじ2

パクチー（5〜6㎝長さに切る）……1束分

1 鍋に水、中華スープの素、にんにく、しょうが、レモングラス、赤唐辛子、こぶみかんの葉を入れて中火にかける。

2 煮立ってきたら酒をふり、えび、たけのこ、厚揚げ、春雨を入れ、再び煮立ってきたら、ナンプラーで調味し、火を弱めて5〜6分煮る。

3 ごま油、レモン汁をふり、パクチーを加える。

真っ赤なビーツを使ったロシアの鍋

ボルシチ

材料◉4人分

牛すね肉（かたまり／3cm厚さ、4〜5cm四方に切り、常温に戻す）……500g

ビーツ……小1個

にんにく……1かけ

水……6カップ

A［白ワイン⅓カップ、洋風スープの素（顆粒）小さじ1、塩小さじ½、ブーケガルニ1束］

じゃがいも（半分に切り、水に約10分さらす）……2個分

にんじん（縦半分に切り、3cm長さに切る）……小1本分

キャベツ（6〜7cm四方に切る）……200g

B［塩小さじ1、こしょう少々］

サワークリーム……適宜

1 鍋に牛肉、ビーツ、にんにく、水を入れて中火にかける。煮立ってきたら、火を弱めてあくを取り、Aを入れてふたをして弱火で約1時間煮る。

2 1からビーツを取り出し、粗熱をとる。皮をむいて縦4等分に切り、1.5cm厚さのいちょう切りにする。

3 1にじゃがいも、にんじんを入れて中火にかける。煮立ってきたら、火を弱めて約20分煮る。

4 3をBで調味し、キャベツを入れてしんなりするまで煮る。2を加えてさらにひと煮する。好みでサワークリームを添える。

かきの旨みがギュッとつまった広島のご当地鍋

かきの土手鍋

材料◉4人分

かき（むき身／塩水で軽く洗い、水気をきる）
　……20個
焼き豆腐（半分に切り、1.5㎝幅に切る）……1丁分
生しいたけ（軸を切り、笠に飾り切り）……6枚分
長ねぎ（3㎝長さに切り、表面に浅く切り込みを
　入れる）……1本分
春菊（葉先のやわらかい部分は5～6㎝長さに切り、
　茎のかたい部分は葉を摘む）……1束分
赤だし味噌……20g
信州味噌……40g
A ［酒大さじ2、みりん大さじ2、
　砂糖大さじ½、おろししょうが小さじ1］
だし汁……½～1カップ

1 ボウルに2種類の味噌を入れて混ぜ、Aを加えてよく混ぜ合わせる。

2 鍋の縁に 1 をぬり、春菊以外の具材を入れ、だし汁を注ぎ、中火にかける。

3 煮立ってきたら火を弱めてふたをし、具材に火が通ったら、春菊を加えてひと煮する。

ごろごろ野菜たっぷりのコクまろ鍋

あさりの牛乳鍋

材料◉4人分

あさり(殻付き/砂抜きしたもの)……500g
白ワイン……大さじ2
玉ねぎ(縦4等分に切り、2cm幅に切る)……1個分
エリンギ(根元を切り、縦半分に切って3cm長さに切る)……2本分
セロリ(筋を取り、縦半分に切って2cm長さに切る)……1本分
じゃがいも(縦半分に切って2cm厚さに切り、水に約10分さらす)……3個分
バター……大さじ2
水……3カップ
洋風スープの素(顆粒)……小さじ1
A [塩小さじ1、こしょう少々]
牛乳……2カップ
ブロッコリー(小房に切り、さっとゆでる)……150g

1 フライパンにあさりを入れて白ワインをふり、ふたをして中火にかけ、途中で混ぜながら殻が開くまで蒸し煮する。

2 鍋にバターを溶かし、玉ねぎ、エリンギを入れて中火で炒める。セロリ、じゃがいもを加えてさっと炒めたら、水、洋風スープの素を加える。煮立ってきたら、火を弱めてあくを取り、ふたをして弱火で約10分煮る。

3 1を蒸し汁ごと加え、Aで調味する。牛乳を加えて煮立ってきたら、ブロッコリーを加えてひと煮する。

つくねと餅きんちゃくでボリューム満点

鶏つくね鍋

材料◉4人分

鶏ひき肉……350g

長ねぎ(みじん切り)……大さじ4

しょうが(すりおろす)……小さじ1

A［酒大さじ1、しょうゆ小さじ½、
塩小さじ¼、片栗粉大さじ1、水大さじ2］

きくらげ(乾物／水で戻し、石づきを切り、2㎝長さのせん切り)……6g

だし汁……6カップ

B［酒大さじ2、みりん大さじ2、
しょうゆ大さじ1、塩小さじ1］

油揚げ(半分に切る)……2枚分

切り餅……4切れ

水菜(4～5㎝長さに切る)……250g

1 油揚げは袋状に開き、切り餅を入れる。

2 ボウルにひき肉、長ねぎ、しょうが、Aを入れて手でよく混ぜる。きくらげを加え、さらに混ぜて8等分にし、水で濡らした手でそれぞれ丸く形作る。

3 鍋にだし汁を中火で煮立て、Bで調味する。2を加えて煮立ってきたら、火を弱めてあくを取り、ふたをして弱火で5～6分煮る。

4 1の油揚げの口を上にして入れ、弱火で約10分煮る。餅がやわらかくなったら、水菜を加えてひと煮する。

小鍋コラム
5

日本のおいしいを知ろう

郷土鍋マップ

日本には、その土地ならではの食材を使った鍋がたくさんあります。ここではその一部を紹介します。

ひっつみ

岩手

小麦粉をこねてのばしたものを手でちぎり、鍋に入れて野菜と一緒にだしで煮込む鍋料理。

あんこう鍋

茨城

あんこうをメインとして作る、茨城県の代表的な鍋料理。あんこうの部位によって食感が違う。

ちゃんこ鍋

東京

力士の鍋料理。肉や魚をメインに、野菜などを加えて煮込む。相撲部屋によって味もさまざま。

柳川《やながわ》鍋

東京

開いたどじょうとささがきにしたごぼうを、みりんとしょうゆで煮込み、卵でとじた鍋料理。

石狩《いしかり》鍋　北海道

鮭のぶつ切りやあら、野菜などを、昆布だしをとった味噌味の汁で煮込んだ石狩地方発祥の鍋。

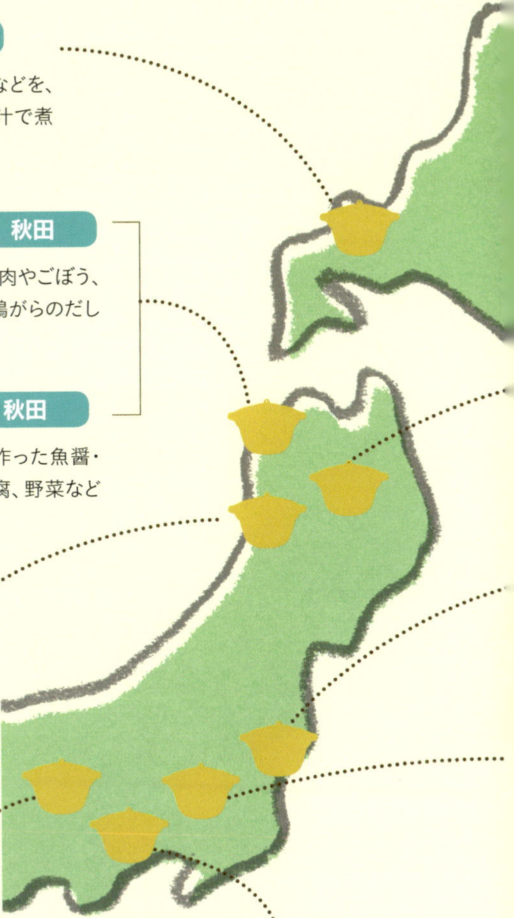

きりたんぽ鍋　秋田

秋田名物のきりたんぽに鶏肉やごぼう、きのこ、ねぎなどを加えて、鶏がらのだし汁で煮込んだ鍋。

しょっつる鍋　秋田

ハタハタを塩で漬け込んで作った魚醤・しょっつるに、ハタハタや豆腐、野菜などを入れて煮込んだ鍋料理。

芋煮鍋　山形

里芋とこんにゃく、牛肉、ねぎ、きのこなどを具材にした鍋。地域で味つけが異なる。

ほうとう鍋　山梨

小麦粉をこねた生地を切った、太くて平たいめんを、豚肉、かぼちゃなどと共に味噌味で煮込んだ鍋。

静岡おでん　静岡

濃口しょうゆを使っただしに、静岡名物黒はんぺんや牛すじを入れる。仕上げにだし粉や青のりをふる。

源平《げんぺい》鍋

香川

瀬戸内海の魚介と源氏の白旗に見立てた大根、平家の赤旗に見立てたにんじんなどを煮た鍋。

湯豆腐

京都

京都南禅寺周辺の参道が発祥。鍋に水と昆布、豆腐を入れて温め、たれをつけていただく。

たらちり

石川

たらの切り身を野菜と豆腐と共に水と昆布で煮た鍋料理。ポン酢しょうゆなどでいただく。

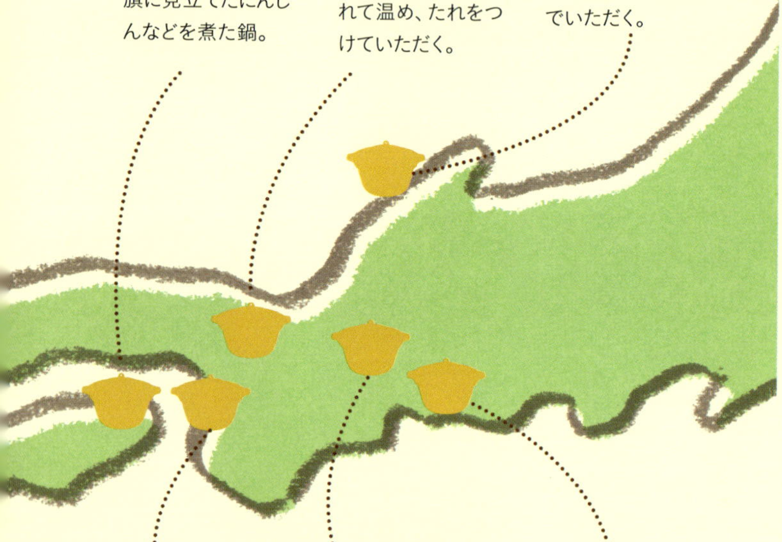

はりはり鍋

大阪

豚肉と水菜をメインにして煮込んだ鍋料理。近畿地方の料理で、大阪でよく食べられる。

鴨鍋

滋賀

真鴨と豆腐、ねぎ、白菜、糸こんにゃくなどの具材を煮込んだ鍋。滋賀県の冬の代表料理。

味噌おでん

愛知

八丁味噌をベースとして甘めの汁で大根、こんにゃくなどを入れた名古屋地方名物のおでん。

小鍋コラム
5

郷土鍋
マップ

美《び》酒《しょ》鍋 広島

鶏肉や豚肉、野菜を、日本酒と塩、こしょうだけで味つけ。酒どころ・東広島市西条地域の郷土鍋。

水炊き 福岡

皮や骨付きの博多地鶏のぶつ切りを鍋に入れ、水から煮立たせて食べる博多を代表する鍋料理。

もつ鍋 福岡

下処理をした牛や豚の白もつ、キャベツ、にらを加えて煮た鍋。しょうゆ味と味噌味がある。

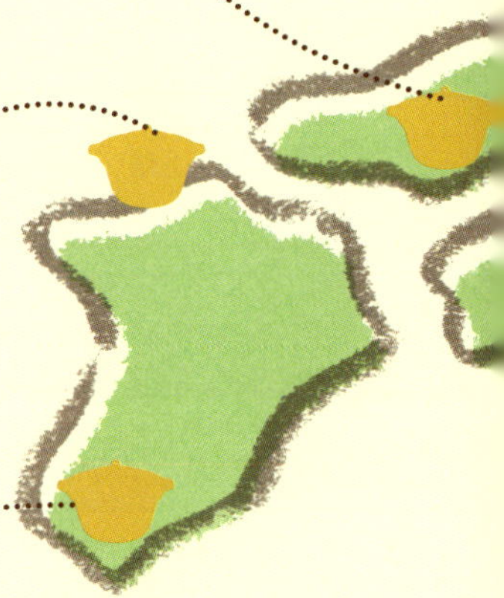

黒豚しゃぶしゃぶ 鹿児島

鹿児島名産の黒豚を使ったしゃぶしゃぶ。黒豚は繊維が細く、やわらかい食感が特徴。

主材料別INDEX

野菜、きのこ類

主材料別 INDEX

肉

牛肉

豚肉

鶏肉

ひき肉

鴨

撮影／伏見早織（小社写真部）
デザイン／井寄友香
スタイリング／鈴木亜希子
イラスト／ますこ えり
題字、表紙イラスト／小林 晃
校正／株式会社円水社
編集／花澤靖子、川村真央、
永渕美加子、大友美雪（スリーシーズン）
編集部／原田敬子

大庭英子 **おおば・えいこ**

料理研究家。福岡県出身。食材の組み合わせ方や調味料の使い方に定評があり、幅広い年齢層から支持されている。和・洋・中・エスニックとジャンルを超えた料理から、「自然体でおいしい、作りやすいレシピ」を提案。新聞や雑誌、広告など多方面で活躍中。主な著書は『野菜おかずのワザとコツ』（主婦の友社）、『30分で3品！ 作りおき野菜おかず231』（西東社）など。

はらぺこスピードレシピ

ぜんぶ 小鍋

発行日 2017年11月5日 初版第1刷発行
2017年12月20日 第2刷発行

著者 大庭英子
発行者 井澤豊一郎
発行 株式会社世界文化社
〒102-8187 東京都千代田区九段北4-2-29
電話 03-3262-5118（編集部）
03-3262-5115（販売部）
印刷・製本 凸版印刷株式会社
DTP製作 株式会社明昌堂

ISBN 978-4-418-17344-0